DES^VI^VER

1

Sair da vida
como do avesso
de outra vida
desvida do que já foi
renascer
no que não há
desfazer-se em si mesmo
como o inseto
que se desvenda
sair da vida
desviver por dentro
como a sair por uma porta
igual ao que se desfaz
e se iguala ao que não é
como se não fosse
esse percurso
de se encontrar
onde reza a alma
e se dilacera
num tempo inútil
como se houvesse
ainda o pressentir
o ser da ausência
de se sumir
o ser do ser
a se punir
num só golpe
num somente
o que não resta
no que não sente.

2

Do descaso
do escasso
o fim do fim
em outro espaço
do distante
do apenas
a despalavra
destas novenas
desrezar
ao Deus ausente
o que não existe
e se desmente
desfazer-se
no pedido
desencontrar-se
no perdido
descrer a crença
no que se esquece
no que seria
no que houvesse
desprender-se
da própria imagem
desdiferença
de estar à margem.

3

Negar-se em si
rasgar a face
tirar a pele
desnecessitar-se
no mesmo ocaso
no que se fere
no mero acaso
no que se deixa
no que se ausenta
no que se reduz
no que se aumenta
o que diminui
e se acrescenta
os pés para trás
calcanhares desprovidos
de voltas
lugares apagados
no que não há mais
o que nunca foi
e desfoi sem saber.

4

Desviver
sem ter vivido
a vida trágica
nessa comédia
desfazer-se
em si mesmo
a desgrudar-se
do próprio corpo
dessaltar
o próprio salto
desfalar
a própria fala
desprezar-se
no que se cala
o rio que escorre
é o mesmo que descorre
essa água de um poço
desrio
na deságua
das criaturas submersas
onde a alma deixa de ser
na imortalidade desconhecida
do homem diante do espelho
da sua desimagem
o que é eternidade
o que se desfaz
dentro de sua identidade
o dia do nascimento
apagado na cabeça
o que se eterniza
sem que nada se conheça
não há como pensar a desmanhã
sem que tudo anoiteça.

5

Destruir-se
no desdém
descalar-se
no descaso
desescobrir-se
em desespero
que desespera
e se repassa
na sempre espera
na fúria os pássaros
que destelham a casa
as figuras
que fogem dos quadros
quebrados no chão da sala
que passam pelas portas
no fundo da vala
e depois regressam
desregressam
asas como escamas
desconhecidas
como o que não chega
e não se basta
se desbasta
desesquecer-se
do desesquecimento
que nada há a lembrar
no dessegredo
o nada a descobrir
desredescobrir
tudo está completo
no que não se descompleta
no que se determina
a face a desfazer-se
que a nada se destina.

6

Desfascinar-se
desse fascínio
que se fascina
desapagar-se
na própria sina
despregar-se
no descontrário
no desavesso
do arbitrário
alma desescondida
no desarmário
desacontecer
o acontecido
descosturar-se
com seu tecido
desmerecer-se
no merecido
desamanhecer
o amanhecido
desferir
o ferimento
desferido
no desalento
desestrela
no firmamento
desarrancar-se
do autorretrato
desretirar-se
em seu destrato
o desantigo
a desolhar-se
no desabrigo.

Esse desdém
a desdenhar-se
em si
a desalinhar-se
aqui
a multiplicar-se
no gesto
o desgesto
que a mão não guarda
desaceno
nas unhas
afiada lâmina
no último dia
de nossas vidas
esse corte
que descorta
de traz para adiante
do fim para o início
do incerto para o certo
o desacerto
desse dia inútil
desinútil
dia útil
que se prega
no calendário
o descaso
deste cenário.

8

Desviver
é morrer?

Desmorrer
é viver?

Nem uma coisa
nem outra.

Só um acaso.

9

Desfalecer-se
na desvida
no desatino
do desencontro
de seu destino
diluir-se
em despedaços
desmarcar-se
no dessentido
desdespertar-se
adormecido
desviver
no seu início
no que sem rumo
se desarruma
no descaminho
a desseguir-se
como a fugir-se
no desmomento
o desinstante
do desalento.

10

Desdesligar-se
do desazul
do que se encerra
no desencanto
que desenterra
dessentimentos
desnecessários
as desdatas
de obituários
desencontar-se
em sua dívida
desfigurar-se
em sua súplica
o desrítmo
dessa música
despersonagem
do desespetáculo
desavidez
do que é ávido
a primeira vez
do que é último
desse número
que se enumera
despermanecer
no que é desprimavera.

11

Extinguir-se
do nada
do desnada
do após
do desapós
do depois
desdepois
desvalida
despresença
que conduz
toda descrença
a alma morta
cada vez mais densa
desviver
ao contrário
de tudo
da memória
inclemente
desmemória
que só mente
nada mais
só o somenos
a despoesia
sem acenos
o desaceno
o desespírito
no obsceno
estancar-se
no que é breve
no que despara
por ser desbreve
que desexiste
desdesaparece
mas se persiste.

12

O dessetembro
traz outubro
com suas sombras
dessombras
do desoutubro
a descalçar-se
que a vida
descomeça
em setembro
no jardim
na rua
no quarto
na ave
que desvoa
e cai vertical
desave
apagada
que descai
na desasa
que se esvai.

13

Doravante
andar para trás
de costas
aos oceanos
nas tardes
das marés
andar sem ver
o rumo dos pés.

14

Quando em tempos remotos
nasciam as desflores nos jardins
homens cavoucavam a terra
com a consciência de que cumpriam sua sina
mulheres colhiam sementes e esterco das ovelhas
e guardavam entre as pernas um desejo de pecados
que escondiam de si mesmas
foi-se o tempo das ofensas caladas ao corte das lâminas
um sexo dolorido como se não fosse
o poço de água que refletia a face imóvel
então era tudo um temporal a derrubar as árvores
na fúria de deuses sem nome que habitam os becos
descalar o que se cala o que se diz
a boca costurada em arames
desfalar sempre para não ficar nada
as palavras da desmorte
desta destarde
em que as aves estão quietas
e isso assusta.

15

Despessoa
a pessoa
mais perfeita
desperfeita
a pessoa
mais bem feita
trajes desantigos
nessa casa
de seres
desvalidos

n a f e s t a
n e f a s t a

nessa música
doutras vidas
despessoas
desaparecidas
nas desnoites
desconhecidas.

16

Despregar-se do prego
desapegar-se da imagem
desimagem
desdestino
desíntimo na intimidade
dos desfragmentos
das desdensidades
os desmomentos
das desverdades
da sina
que se acaba
e nada ensina
descalçar
os desapatos
nas poças das chuvas
destemporais
descadarços
dos pés
desamarrar-se
da vez
da voz
do vil
dos vis
do risco
do giz
desrisco
que diz
dessílaba
da frase
em tempo escasso
que se desfaz
no seu espaço.

17

Os poetas
morreram
despoetas
perderam
o que se deve
dessa poesia
o que se pede
a cada dia
o poeta
não sabe
de sua fala
não cabe
na morte
de sua vala
desmorte
que se cala
o que não chega
o que demora
o que esquece
a sua hora
assim ter-se
desprocedido
no seu procedimento
sem sentir-se no sentido
do seu próprio sentimento.

18

Desacreditar
acreditar ao contrário
do contrário
onde o descontrário
se perde
e se desperde
se desacha
na desbusca
no desvazio
como se não fosse
e desfosse
ao mesmo tempo
igual
e desigual
semelhante
o dessemelhante
do desreflexo
no desespelho
que tudo se perde
no rosto velho
se desperde
no que se apaga
no que se apega
e desapega
na desvida
que se nega.

19

Quando se fica louco
também se desenlouquece
porque a loucura
é a desloucura
no estado mais lúcido
da lucidez mais pura
despura deslucidez
da demência
a mente ausente
na própria ausência
o gesto bruto
que brutaliza
o pedido de clemência
que não se avisa
condolência
que a morte realiza.

20

Descuidar
a vida
da dívida
da dúvida
da dádiva
na desverdade
de não dizer-se
no que esquece
no esquecer-se
e se desconhece
em conhecer-se.

21

Desvelhice
desnascimento
no esquecimento
a se rir-se
padecimento
desvalidar-se
desvalido
desvalida
validade
a velhice
assim marcada
na ruga do rosto
renovada
não no novo
mas no nada.

22

Desexistir
na fotografia
desimagem
do desantigo
a desigreja
a desprece
a deslágrima
o desdeus
desaceno
desperdido
na pedra
do desalento
a despedra
do acalento
o calendário
que se apaga
despoema
em um diário
o gesto inútil
na mão precária
desoceano
na desmúsica
sem sua ária
desfazer-se
do desmomento
do que resta
desse instante
desprosseguir
adiante.

23

Viver ao contrário
o descontrário
que não tem fim
só começo.

Descomeço.

24

Descascar-se
como a um pêssego
a casca
invólucro do nada
a tirar-se aos pedaços
desatar
o que resta dos laços
desprender-se da alma
como a sair por uma porta
para uma desviagem
e à deriva
deixar-se no sal
estar-se diante do bem
mas escolher o que é mal
corroer-se dente a dente
como a retirar a boca
do lugar mais indecente
a face cortada
em escamas que sangram
destransformam-se em vazio
a sílaba do silêncio
esse rio que corre dentro
que deságua nos oceanos
em que a vida se navega
sem ver passar os anos.

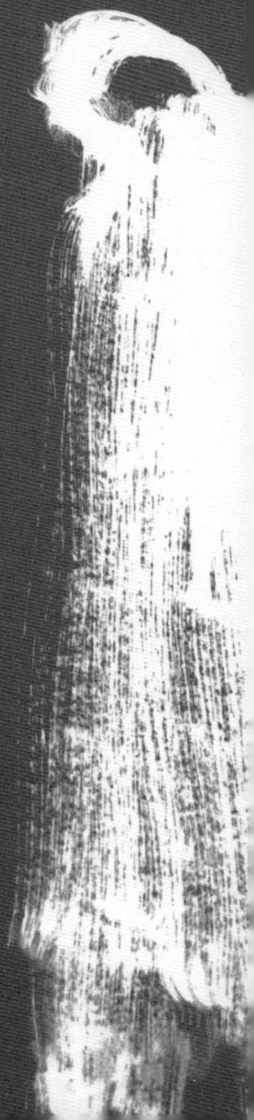

Os bois na planície
são almas humanas
que se encontram
para anoitecer
essa noite inconclusa
vestimenta
que se desveste
como tirar a blusa
o paletó vermelho
que não mais se usa
mulheres dançarinas
nesse palco vazio
quase divas divinas
em si desconhecidas
assim desvalidas
nas próprias desvidas
deve ser tudo branco
nessa brancura
do instante
em todos os semblantes
o que desescurece
na própria luz
a desluz
que esmaece
e se reduz
que desfalece
e se induz
a desindiferença
que reluz
nessa presença
que não é mais
e se desfez
no desrenascer
esperando a vez.

26

Desperceber-se
na fotografia
o chapéu
da vida
o chapéu do dia
na desfotografia
do tempo passado
desantigo rosto
que não se conhece
na cicatriz
que aparece
e se desencanta
no encantamento
como se assim
fosse merecer
desmerecido
merecimento.

27

Desligar
o fio do choque
desfio desvendado
desfiar-se
dessuicidar-se
mas não vale a pena
então deixar-se
e desdeixar-se
desexercício
desiniciar
no seu início
nessa morte
em seu ofício
desofício
na sorte
do sacrifício.

28

Desreviver
o já vivido
desfazer
o já desfeito
destransformar-se
desdizer-se
e descalar-se
e nesse desdém
desamar
a desmulher
em suas mágoas
nessa tez
assim desfeita
no que se quer
e não se aceita
desdúvida
desdívida
desconhecer
desrefazer
a desvida
a despoesia
desvalida.

29

Desfaz-se
a face
a tez
a desface
desfaçatez
desfaz-se
a face
o desfeito
o disfarce
o desplante
o afastar-se
do dessilêncio
o descalar-se
desistir-se
desfalar-se
na cicatriz
do desenlace
no momento
de matar-se.

30

Obscena
pessoa vil
descumpre a pena
em seu covil
entra em cena
com seu ardil
sua novena
mais hostil
desobscena
no desperfil
a despena
que descumpriu
culpa serena
que se cuspiu
alma pequena
do ser servil.

31

Telhados de vidro deixam ver o céu
mas os anjos cobrem os vitrais
destelhados desses seres de asas longas e olhos baixos
desvendar o desuniverso o descéu que desce e se desdesce
entre abelhas celestiais com mais ais
o desmanche do que não se fez e se desfaz
a ruir-se porque assim se cala a vida nunca sentida
e se marca nesse destino o que não é por desatino
e passa a ser o ser divino
que se deixa numa alma que mais não serve
que em si se dilacera em seu castigo
de afligir-se sempre em todo canto
e deus só olha o desolhar antigo
sumir-se aos poucos até o nada do nada
o que não há não existe
o que vai de volta ao desinício
que em si desiste.

32

A obscuridade
cada vez mais clara
desclaridade
cada vez mais rara
o desobscuro
que se separa
do corpo em seu apuro
dessa doença que não sara
o desestar-se
diluído
em sua face
concluído
em sua casa
destruído
em sua causa
desconhecido
esse homem
no ódio perdido
em sua espera
o corte ferido
que dilacera.

Desperdoar-se da despalavra do despoente do desnada
desdesistir de si mesmo do desmesmo do desantigo
desárvores nos despássaros do desvoo no desvaneio
a prece que nasce do avesso e o terço que cai ao chão
como se a cair cai também o céu dos anjos
desferimento que se esconde e desesconde a desferida
merecer o desmerecimento
deixar-se de si
desalcançar-se e desvirar-se na dessensibilidade
de todas as coisas das descoisas
desatar-se das algemas
no desgrito o grito por dentro do grito
o desdesassombro o delírio o gesto o gosto
dessentir o que não se sente e se desmerece
descalçar-se no desmar de águas de sal o dessal
na boca na desaflição do instante aflito
descaminhar-se para trás entre as paredes
descumprir o desdestino como a morrer-se e desmorrer-se
na desmanhã de névoa
e no desfolhar das plantas
os cavalos caminham entre as flores.

34

Desconstruir
a alma
em fragmentos
descompor
os pés
o passo
os sapatos
e a trilha
sem ter para onde ir
desvoltar
em si mesmo
a desvolta
inexistente
o descompasso
a face desfeita
desfez-se
em desafeto
o punhal que fere
o que antes era quieto
no ser ausente
nesse descaso
do caos mais evidente
a sombra da natureza
o espelho que reflete
os sentidos da beleza.

35

Desescrever o livro
retirar a primeira frase
deixar a reticência
desretirar a primeira página
as vírgulas e pontos finais
deixar o nada
correr o risco
nesse corte fundo
letra por letra
nada deixar
senão a história
desescrita retirada
do inexistir
do desagora
do dessilêncio
desraizar-se
do desmomento
e desseguir
a tarde desentardece
e no final
se emudece
no seu próprio desenlace
esse olhar que escurece
na ruga amarga da face.

36

Desfolhar a desfolha
o descaule a haste
terra da desraiz
do passo intacto
em rumos finais
onde os dedos caem
e descaem
a cal das paredes
no azulejo do rosto
tudo é pedra
e antes da pedra
tudo é fim
e antes do fim
a prece no desaltar
onde santos pálidos
choram num temporal
os frutos amargos
no fundo do quintal.

Desinfinito o desuniverso
o desviver resumido
no poema de um verso
desverso no despoema diluído
nas vírgulas como cortes abertos
a porta desaparecida na pele no corpo
no descorpo
que cobre a pele
e descobre a tez
aves na semente no arroz da tarde
mas é destarde
tudo passou da hora
passou do tempo
regrediu entrou para dentro do avesso
desavesso de sentir
é no entanto é possível ver o mar
e nele navegar sentimentos
das rimas
e seus lamentos
nos rumos
dos pressentimentos
do desespanto
dos esquecimentos
a esperar no porto
que chegue esse navio do medo
de assombros de seres desaparecidos
e assim que amanhece
os silêncios anoitecidos.

38

Deslaçar o laço dos sapatos
das poças das ruas e das calçadas
está tudo muito distante
mas a distância não existe mais
o ausente
com o passar do tempo
ao longo dos anos
o pavor da vida
nos desenganos
o apagar do dia
coberto de panos
o desprezo do regresso
em seus próprios danos
o favor de não ser
nos sentidos mais insanos
despartir para sempre
como partem os ciganos
naufragar os sonhos
nos oceanos
guardar silêncios
os mais soberanos
calar estes males
os mais tiranos
rezar nos terços
dos mais profanos
depois calar todo o resto
descolar todo o rosto
e ficar no próprio só
dentro de seu oposto.

Impune
prece
impune
corte
impune
face
impune
morte
impune
noite
impune
canto
impune
sílaba
impune
câncer
impune
sangue
impune
causa
impune
despunir-se
no que se sente
impune
mente.

40

Desconstruir-se por inteiro
ao desretirar a pele do corpo
e na desnoite desmorrer-se
no presságio do destino
destransformar-se no que se desfaz
no corte do desatino
desfazer-se em sua morte
ao ouvir o próprio sino.

Álvaro Alves de Faria

DES VI VER

escrituras
São Paulo, 2015

Escrituras Editora e Distribuidora de Livros Ltda.
Rua Maestro Callia, 123 – Vila Mariana – São Paulo, SP – 04012-100
Tel.: (11) 5904-4499 / Fax: (11) 5904-4495
escrituras@escrituras.com.br
www.escrituras.com.br

Diretor editorial: Raimundo Gadelha
Coordenação editorial: Mariana Cardoso
Assistente editorial: Gabriel Antonio Urquiri
Imagens da capa e do miolo: Álvaro Alves de Faria, Série *Sonhos* (55 x 35)
Nanquim, água e pincel, 2014
Capa e projeto gráfico: Raimundo Gadelha
Diagramação: Vagner de Souza
Impressão: Assahi Gráfica

Dados Internacionais de Catalogação na Publicação (CIP)
(Câmara Brasileira do Livro, SP, Brasil)

Faria, Álvaro Alves de
Desviver / Álvaro Alves de Faria. – São Paulo:
Escrituras Editora, 2015.

ISBN 978-85-7531-663-4

1. Poesia Brasileira I. Título.

15-09823 CDD-869.1

Índices para catálogo sistemático:
1. Poesia: Literatura brasileira 869.1

Impresso no Brasil
Printed in Brazil

Todos nós somos um pouco hóspedes desta vida.
Viver é apenas um pequeno hábito.
Parece-me ouvir, nos aéreos caminhos,
o som de duas vozes conversando.

Anna Akhmátova (1889-1966)

UM ESTRANHO ENTRE O SHOPPING E CAMÕES

*Moacir Amâncio**

Longe de ser poeta de juventude, Álvaro Alves de Faria também não é um poeta de ocasião, ou bissexto, como se dizia há muito tempo. Sua obra vem sendo publicada desde 1963 (*Noturno Maior*) com entradas na prosa, quem sabe a mudança de ares se destinasse a uma exploração com outras lentes em busca da renovação do próprio verso. Uma pausa sempre relativa, pois a poesia continua presente nas narrativas e monólogos sobre as mais diversas situações contemporâneas. Em mais de cinquenta anos de prática literária o poeta mergulhou de cara no cotidiano, isso nada tem a ver com o banal e o superficial, nada mais múltiplo do que o dia a dia. E é do atrito entre os muitos cotidianos, externos e interiores que estala a faísca do poema.

Não seria possível determinar o que vem antes, a inspiração ou o poema, por via das dúvidas melhor será pensar que o poema é a própria inspiração e vice-versa – aquela faísca. Claro, a poesia pode se apresentar a qualquer pessoa, basta estar viva, solitariamente num quarto, diante de uma vista, ou de uma obra de arte literária ou pictórica ou musical, pouco importa. A diferença está em que o poeta, tomado aqui como o artista exposto ao desvio e ao acaso, e não o artesão restrito à sua habilidade, consubstancia a inspiração num texto (ou outro objeto), movido pela urgência de se expressar apoiada pela perícia no ajuste ou desajuste das palavras (ou das linhas, das imagens) que ele na aparência domina, mas talvez o mais correto seja dizer que elas o tomam como instrumento de um discurso em busca de voz. E essa voz também inspirará o leitor.

Trata-se de uma aventura pelos sinônimos do instável, que podem ou não fazer com que o poeta movimente os olhos, todo o seu ser, e não "apenas" de modo intelectual ou espiritual, como quiserem, em busca de correlatos objetivos espalhados pela casa, pela cidade, pelo país, pelo planeta. Álvaro nasceu em São Paulo e nesta cidade encontrou harmonias e desarmonias desde os tempos da ditadura militar até a festa equívoca dos shopping centers, dois estados refratários ao poeta, marginal ou intruso. Além dos poemas e narrativas escreveu crônicas para jornal e rádio, sempre engajado não numa luta político-partidária determinada e unívoca, mas na própria vida, seja lá o que isso for e essa pergunta acompanha a obra de Álvaro como um eco, ou, tentando ser menos incorreto, seus poemas mais do que ecoar, buscam captar as rimas loucas desse emaranhado inqualificável de sons, acontecimentos, alegrias, tragédias próprias e alheias, que disso ninguém escapa nesta porca miséria.

Não há chance para burocracias na aventura poética, ou ela não será. Álvaro viveu momentos existenciais variadíssimos que carregam a sua literatura sempre movida por um impulso lírico que se renova e, a rigor, não terá fim, pois essa corda continuará a vibrar ao ser tocada pelos seus leitores. Houve um tempo em que Álvaro se declarou um ex-poeta. Não sei se é possível existir tal entidade. Um poeta que deixa de escrever jamais poderá ser considerado um ex-poeta, mas como é próprio dos poetas criarem realidades insuspeitadas, então teremos de admitir a validade de tal declaração oral ou... escrita. Ao circular por aquelas realidades Álvaro de repente se redescobriu em Portugal, terra de seus pais. O poeta paulistano por excelência – o Viaduto do Chá é um marco em sua história – percebe-se então um ibérico. E com as consequências que isso implica, descobrir um pertencer e um estranhar recorrente, ou o inevitável. Mais uma vez, a Ibéria, o Portugal que ele tem por herança de fato, próxima, veio à tona e ampliou a sua obsessiva busca do motivo de expressão e interrogações. Limites e convenções ideológicas são rompidos pelo acaso do idioma jamais circunscrito na geografia ou na rasa nacionalidade. Álvaro é tanto brasileiro como português na letra e na lei e não há maneira mais rápida de não ser nada disso do que o caminho da triplicidade a ser seguido pelo estrangeiro de sempre que em primeiro lugar estranha a si mesmo e é estranhado pelo que o cerca.

Acontece que a viagem sobre as fronteiras geográficas ou pessoais é inerente à poesia. Ela não é daqui nem de alhures. Nem de cima nem de baixo. E se às vezes acontece a sensação de alguma harmonia utópica, da existência de um ponto de chegada, este de novo se revela falso ou fugidio. O que há é um permanente desacerto em metamorfose mostrando sua cara tanto abominável como inevitável. Não sei se deveríamos concordar com a ideia de que isso é uma verdade, embora tudo leve a crer, mas nada mais urgente do que duvidar de qualquer crença, rumo ao desencontro. Quando o que se vê não é vida, mas "desvida", como querem os poemas, ou melhor, o longo poema contido neste livro, a repercutir ou a fazer sequência ao "Eclesiastes" que, retirado do conjunto bíblico exigindo uma interpretação contextual, pois não está lá por acaso, torna-se um manifesto poético a partir da nulidade das coisas ilusoriamente negada pelo delírio das vaidades.

Pode-se ver neste livro, também, um reflexo da chamada teologia negativa, segundo a qual só se pode saber o que Deus não é. No caso do poeta Álvaro e seu descante, essa talvez seja a única maneira de ler a vida, ou seja, pelo viés de que ela não é vida, simples e terrível como isso, nota de batida surda, sem resposta. Mas também não é esse algo de sentido também inapreensível chamado morte. Do paradoxo, a partir da consciência de quem sempre estará fora, apesar dos muitos lugares e ambientes que o condicionariam, ressurge a experiência de linguagem chamada poesia na qual o indivíduo constata mais uma vez a sua condição de estrangeiro a partir de si mesmo.

* Moacir Amâncio é jornalista, escritor e professor doutor adjunto da Universidade de São Paulo.

LIVROS DE POESIA DO AUTOR

Noturno maior, Portugal Ilustrado, São Paulo, 1963
Tempo final, gráfica da Fiesp, São Paulo, 1964
O Sermão do Viaduto, Brasil, São Paulo, 1965
4 cantos de pavor e alguns poemas desesperados, Alfa Ômega, São Paulo, 1973
Em legítima defesa, Símbolo, São Paulo, 1978
Motivos alheios, Massao Ohno, São Paulo, 1983
Mulheres do shopping, Global, São Paulo, 1988
Lindas mulheres mortas, Traço, São Paulo, 1990
O azul irremediável, Maltese, São Paulo, 1992
Pequena antologia poética, Ócios do Ofício, Curitiba, 1996
Gesto nulo, Ócios do Ofício, Curitiba, 1998
Terminal, Ócios do Ofício, Curitiba, 1999, e RG Editores, São Paulo, 2000
Vagas Lembranças, Quaisquer, São Paulo, 2001
A palavra áspera, Ibis Libris, Rio de Janeiro, 2002
À noite, os cavalos, Escrituras, São Paulo, 2003
Trajetória Poética – poesia reunida – Escrituras, São Paulo, 2003
Bocas vermelhas – poemas para um recital – RG Editores, São Paulo, 2006
Babel – 50 poemas inspirados na escultura Torre de Babel, de Valdir Rocha, Escrituras, São Paulo, 2007
Os melhores poemas, com seleção e organização de Carlos Felipe Moisés, Global, São Paulo, 2008
Alma gentil – Raízes – reunião de sete livros do autor publicados em Portugal – Escrituras, São Paulo, 2010
Resíduos – Maio, 1969 – poemas escritos quando esteve preso em 1969 e publicados pela primeira vez somente em 1983, como segunda parte de *Motivos alheios* – RG Editores, São Paulo, 2012
Domitila – Poema-romance para a Marquesa de Santos – Nova Alexandria, São Paulo, 2012
O uso do punhal, Escrituras, São Paulo, 2013

EM PORTUGAL

20 poemas quase líricos e algumas canções para Coimbra, A Mar Arte, Coimbra, 1999

Poemas portugueses, Alma Azul, Coimbra, 2002
Sete anos de pastor, Palimage, Coimbra, 2005
A memória do pai, Palimage, Coimbra, 2006
As pedras dos Templários (Nos 800 anos de Idanha-a-Nova), Quasi, juntamente com Ana Luisa Amaral, Fernando Aguiar, Nuno Júdice e Vasco Graça Moura, organização de Graça Capinha
Inês, Palimage, Coimbra, 2007
Livro de Sophia, Palimage, Coimbra, 2008
Este gosto de sal – Mar português, poesia, Temas Originais, Coimbra, 2010
Cartas de abril para Júlia, Temas Originais, Coimbra, 2010
Três sentimentos em Idanha e outros poemas portugueses, Temas Originais, Coimbra, 2011
O tocador de flauta, Temas Originais, Coimbra, 2012
Almaflita, Palimage, Coimbra, 2013
67 sonetos para uma rainha, Palimage, Coimbra, 2014
Desviver, Palimage, Coimbra, 2015

NA ESPANHA

Habitación de olvidos – antologia poética de 370 páginas – Fundación Salamanca Ciudad de Cultura, seleção e tradução do poeta peruano-espanhol, Afredo Perez Alecart, da Universidade de Salamanca, 2007
Alma afligida, Trilce Ediciones, Salamanca, tradução de Alfredo Pérez Alencart, 2013
Cartas de abril para Julia, Trilce Ediciones, Salamanca, tradução da poeta espanhola Montserrat Villar González, 2013
Motivos alejos – Resíduos, Ediciones Linteo, tradução de Montserrat Villar González, Coleção "Linteo Poesia", dirigida pelo poeta espanhol Antonio Colinas, 2015

Impresso em São Paulo, SP, em novembro de 2015,
em papel off-set 150 g/m^2 nas oficinas da Assahi Gráfica.
Composto em Myriad Hebrew, corpo 11.8 pt.

Não encontrando essa obra nas livrarias,
solicite-a diretamente à editora.

Escrituras Editora e Distribuidora de Livros Ltda.
Rua Maestro Callia, 123 – Vila Mariana
São Paulo, SP – 04012-100
Tel.: (11) 5904-4499 / Fax: (11) 5904-4495
escrituras@escrituras.com.br
vendas@escrituras.com.br
imprensa@escrituras.com.br
www.escrituras.com.br